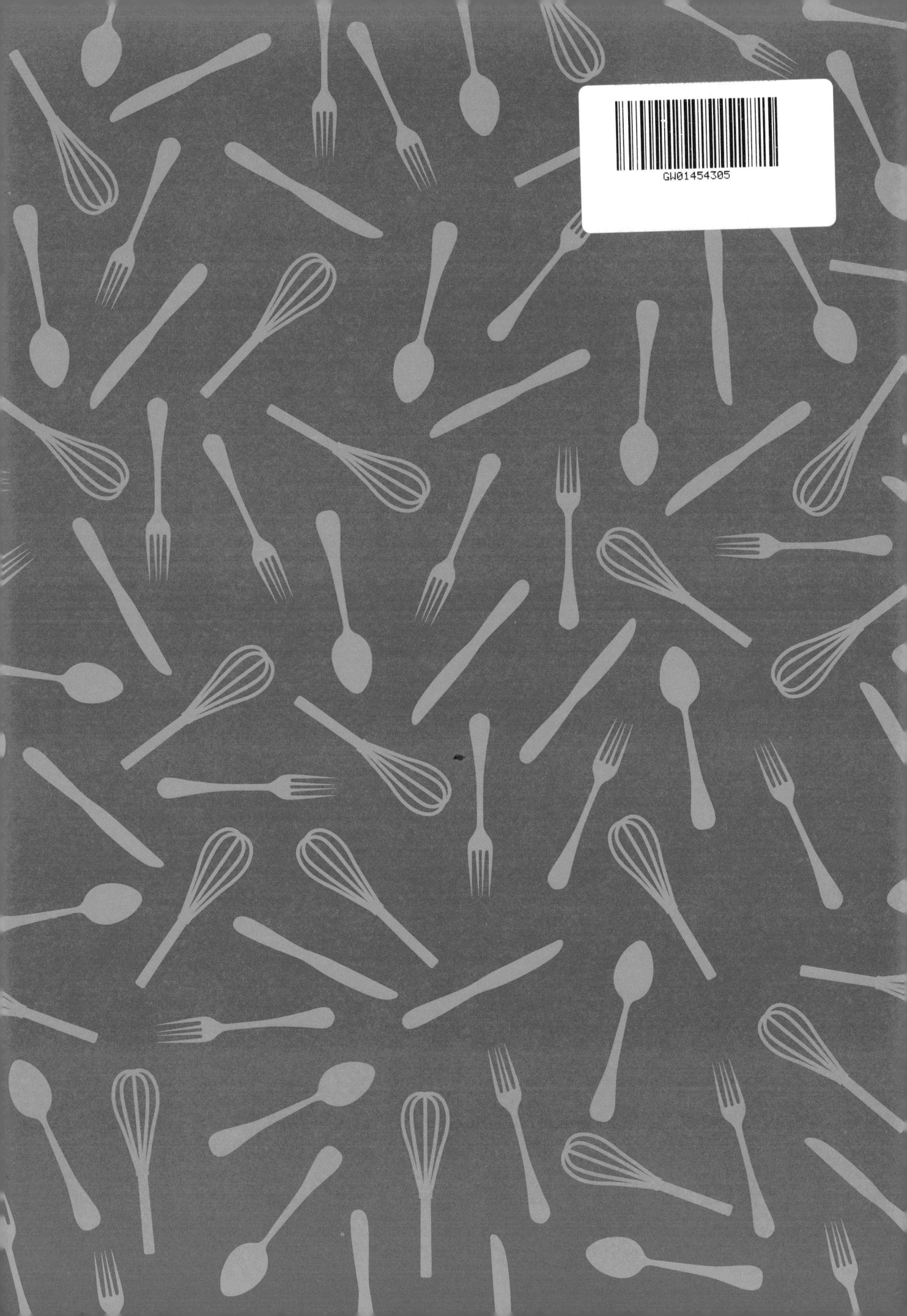

LA CUISINE DES SISTERS

Recettes et photographies
Brigitte Carrère

Dessins & couleurs
William

Textes
Christophe Cazenove

BAMBOO ÉDITION

Faire la cuisine, c'est génial, mais il faut bien respecter certaines règles de sécurité et ne pas faire n'importe quoi. Entre le four, la plaque chauffante, les couteaux ou le robot, il y a plein de dangers ou de causes d'accidents domestiques. Ne fais pas n'importe quoi !

Pour réaliser toutes ces recettes, il vaut donc mieux demander l'aide d'un adulte (ou de ta sister si elle est assez grande pour cela).

Il te faudra aussi quelques ustensiles (que tu retrouveras en page 47), mais rien d'introuvable : casseroles, poêles, verre mesureur, fouet, etc. sont des objets que tout le monde a dans sa cuisine.

Il ne te reste plus qu'à enfiler un tablier, à te laver les mains et à te lancer avec Marine et moi dans ces recettes trop délicieuses.

Wendy

Les recettes

Pizzas fleurettes

Pizzas fleurettes

Recette de Wendy

Temps de préparation : **35mn**
Temps de repos : **10mn + 1h**
Cuisson : **20mn + 15mn**
Difficulté : **Moyen**

Ingrédients
pour une quinzaine de mini-pizzas

La pâte

- 250 g de farine
- 1/2 sachet de levure sèche de boulanger (3 g)
- 2 cuil. à soupe d'huile d'olive
- 1 cuil. à café de sucre en poudre
- 1 cuil. à café de sel
- 12 cl d'eau tiède

La garniture

- 1 petite boîte de pulpe de tomate (350 g)
- 1 gousse d'ail
- 1 cuil. à soupe d'huile d'olive
- 2 pincées de sel
- 2 pincées d'origan
- 80 g d'emmental

Étape 1

- Dans un petit bol, délaie la levure avec 5 cl d'eau tiède.
- Laisse reposer 10 mn.

Étape 2

- Dans un saladier, mélange dans l'ordre farine, sel, sucre, huile et levure délayée.
- Ajoute le reste d'eau peu à peu en malaxant.
- Pétris au moins 5 mn.
- Couvre la boule de pâte et laisse reposer environ 1 h jusqu'à ce qu'elle double de volume.

Étape 3

- Pendant ce temps, prépare la sauce tomate : dans une casserole huilée, fais dorer environ 3 mn l'ail coupé en petits bouts.
- Ajoute la pulpe de tomate, le sel et l'origan.
- Laisse mijoter 20 mn en remuant de temps en temps.

HEU.. C'EST PAS COMME ÇA QU'IL FALLAIT REMUER ?

AVEC LA **CUILLÈRE** EN BOIS, C'EST MIEUX !!!

ELLES SONT TROP BELLES, TES PIZZAS FLEURS...

ON VA QUAND MÊME PAS LES MANGER, HEIN ?!

Les petites infos en +

→ **Laisse reposer la pâte dans une ambiance tiède** pour qu'elle gonfle bien (derrière une vitre, à côté d'un radiateur, sous une lampe...)

→ **Fais-toi aider** pour sortir le plat du four et ajouter l'emmental.

LE TRUC POUR RÉUSSIR TES PIZZAS ...

...C'EST DE LES PRÉPARER QUAND TA SISTER EST À L'ÉCOLE !

Étape 4

- Préchauffe le four à 200°C (pas de chaleur tournante si possible).
- Étale la pâte au rouleau, sur une épaisseur d'environ 4 mm.
- Découpe des fleurs (emporte-pièce, couteau...) et dépose-les sur une plaque de four.

Étape 5

- Appuie au centre de chaque fleur avec le doigt pour creuser un peu et étale de la sauce tomate par-dessus.
- Fais cuire 7 mn.
- Sors le plat du four (attention, c'est chaud !)
- Ajoute des cercles et des bâtonnets d'emmental.
- Prolonge la cuisson de 8 mn encore.

Une variante : les souris-pizza

Tu peux faire des souris-pizzas avec la même recette : la pâte est étalée en plusieurs grands cercles, découpée en triangles auxquels on ajoute des petits cercles-oreilles sur le haut, recouverte de sauce tomate puis cuite. L'emmental est ajouté râpé quelques minutes avant la fin de la cuisson. La décoration finale (yeux-olives + petits pois, museau-olive, ciboulette-moustache) est réalisée à la fin.

Le final

ON VA FAIRE DES PIZZAS, ON VA FAIRE DES PIPI, DES ZAS ZAS, DES PIZZZAAAAS !!!

OOOAAÏÏÏ...

POP POP POP, C'EST MOI QUI COUPE LES P'TITS DÉS DE JAMBON.

PAS TOUCH' AU COUTEAU, TOI !

HÉ MAIS...

TU SAIS QUE TU N'AS PAS LE DROIT D'APPROCHER LES CISEAUX À MOINS DE 3 MÈTRES ?!

RAAAH MAIS...

C'EST BIBI QUI DÉCOUPE LA PÂTE.

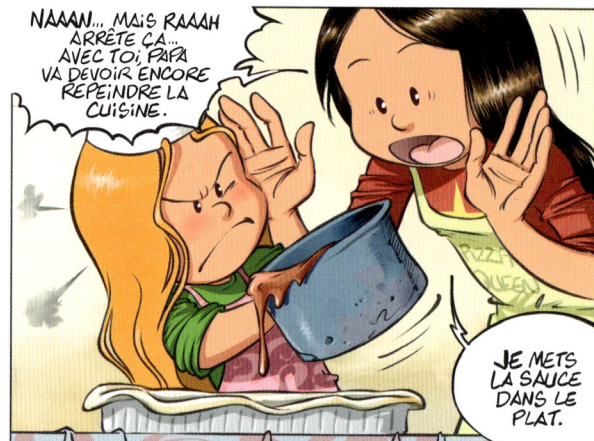

NAAAN... MAIS RAAAH ARRÊTE ÇA... AVEC TOI, PAPA VA DEVOIR ENCORE REPEINDRE LA CUISINE.

JE METS LA SAUCE DANS LE PLAT.

NON NON

TU ES TROP PETITE POUR SORTIR UN PLAT CHAUD DU FOUR... LAISSE FAIRE LES GRANDS.

PEUH !

AH, ET SI J'AJOUTAIS DES P'TITES TOMATES CERISES POUR FAIRE JOLI...

?!

MAAARIIIINE...

MMMM... KRO BONNE ! C'EST QU'ELLE SERAIT CAPABLE DE M'EMPÊCHER DE LA MANGER.

CAZENOVE ET WILLIAM

Les cupcakes fabuleux

Les cupcakes fabuleux

Recette de Marine

Temps de préparation : **25 mn**
Cuisson : **25 mn**
Difficulté : **Très facile**

Ingrédients
pour une vingtaine de petits cupcakes

Les mini « cakes »

- 2 œufs
- 120 g de sucre
- 150 g de farine
- 3 cuil. à soupe de crème liquide
- 3 cuil. à soupe d'huile
- 2 cuil. à café de levure chimique

La garniture

- 300 g de fromage à tartiner type « Philadelphia »
- 2 cuil. à soupe de jus de citron
- 60 g de sucre glace
- décors au choix : petites fraises, groseilles, vermicelles ou billes sucrées...

ET MAINTENANT, LE GIGA CUPCAKE.

ET C'EST POUR BIBI.

Étape 1

- Préchauffe le four à 180°C.
- Dans un saladier, mélange au fouet les œufs, la crème, l'huile et le sucre.
- Ajoute ensuite la farine et la levure.

Étape 2

- Place des petits moules à cupcake en papier sur un support en silicone.
- Verse la pâte en remplissant les moules aux 2/3 environ.
- Fais cuire pendant 25 mn.

Étape 3

- Dans un bol, verse le fromage à tartiner, le sucre glace et le jus de citron.
- Mélange avec une fourchette.

LOL ! ELLE CHERCHE LE SUCRE GLACE DANS LE CONGÉLO !

FOUILL' FOUILL'

GLACÉ

Étape 4

- Dépose une grosse cuillerée de cette crème sur chaque cupcake.
- Dessine des stries avec une fourchette.

Étape 5

- Finis de décorer les cupcakes avec des fruits ou des bonbons.

QU'EST-CE QU'ON VA METTRE SUR LES CUPCAKES MAINTENANT QUE T'AS AVALÉ TOUTE LA DÉCO ???

Le final

ABI BEURR'DES TOUYOOOUX LOULOU...

IL EST ZARBI, TON GÂTEAU D'ANNIV, MARINE.

MAIS NON, C'EST PARCE QUE C'EST DES CUPCAKES. ET MÊME QUE C'EST MOI QUI LES AI FAITS TOUTE SEULE.

OUAH ! ILS ONT L'AIR CARRÉMENT TROP EXCELLENTS.

OUAIS, ET T'AS VU, ILS ONT CHACUN UN LOOK DIFFÉRENT.

ELLE Y A PASSÉ TOUTE LA MATINÉE.

CUI-LÀ À LA FRAISE "

L'AUTRE AU CARAMEL PISTACHE "

LUI, IL A TOUT PLEIN DE VERMICELLES AU CHOCOLAT "

PURÉE, COMME T'ES GÂTÉE, MA LOULOUTE !

ON ÉTAIT OBLIGÉES D'INVITER UN GARÇON, AU FAIT ?

IL AURA PAS SON CUPCAKE !

GRUMPF

BOC !

DIS-MOI, MARINE, CUI-LÀ, TU L'AS COMPLÈTEMENT RATÉ OU QUOI ?

AH NON, ÇA, C'EST LE MIEN. Y A TOUS LES PARFUMS MÉLANGÉS ET UN MÉGA SUP' DE CRÈME.

ET OUI, J'ADORE TROP LES CUPCAKES !!!

MIAM !

CAZENOVE ET WILLIAM

La Chichoumeille

La Chichoumeille

Recette de Wendy

Temps de préparation : **35mn**

Cuisson : **1h et 40mn**

Temps d'égouttage
des aubergines : **1h**

Difficulté : **Moyennement
facile (long surtout)**

Ingrédients
pour 4 personnes

- 1 kg d'aubergines (3 grosses)
- 800 g de tomates (1 dizaine)
- 2 poivrons
- 3 gousses d'ail
- 1 petit bouquet de thym
- 1 feuille de laurier
- 4 cuil. à soupe d'huile d'olive
- 3 cuil. à café de sel
- persil pour la présentation

Étape 1

- Pèle les aubergines, coupe-les en cubes, mets-les dans une passoire au-dessus d'une assiette.
- Ajoute le sel, remue pour bien le répartir (cette opération permet aux aubergines de s'égoutter). Laisse égoutter 1 h.

AYAAA... MAIS J'AI PAS ASSEZ DE SEL...

ON VOIT ENCORE UN PEU LES AUBERGINES.

Étape 2

- Coupe les tomates en gros morceaux.
- Retire le plus possible de graines et de jus.

Étape 3

- Pèle les gousses d'ail, coupe-les en 8, retire leur germe central.
- Verse 2 cuil. à soupe d'huile dans une marmite, ajoute les tomates, le thym, le laurier et l'ail.
- Fais cuire 10 mn en mélangeant de temps en temps.

FAUT JUSTE ESSUYER LES AUBERGINES, T'SAIS !

C'EST POUR ÉVITER QU'ELLES ATTRAPENT UN RHUME.

Étape 4

- Avec du papier absorbant, presse et essuie les cubes d'aubergine.
- Mets-les dans une grande poêle avec les 2 dernières cuil. d'huile.
- Fais cuire 15 mn en remuant de temps en temps.

Étape 5

- Dans la marmite, ajoute aux tomates les aubergines précuites et les poivrons coupés en gros morceaux.
- Couvre et laisse mijoter à feu doux pendant 50 mn.
- Retire le couvercle et laisse cuire 20 mn de plus.
- Remue de temps en temps.
- Saupoudre un peu de persil haché.

Le final

Les mini-sandwichs kro mignons

Les mini-sandwichs kro mignons

Recette de Wendy

Temps de préparation : **30 mn**

+ 2 h 10 de repos

+ 30 mn pour la confection des sandwichs

Cuisson : **20 mn**

Difficulté : **Assez facile**

Ingrédients
pour 6 sandwichs

Les pains

- 200 g de farine
- 1/2 sachet de levure de boulanger instantanée
- 1 cuill. à soupe de sucre
- 1/2 cuil. à café de sel
- 60 ml d'eau tiède
- 60 ml de lait + un peu pour dorer
- 10 g de beurre mou

Les garnitures des sandwichs

- mini saucisses
- bretzels longs
- jambon
- lamelles de fromage
- tomates
- tomates cerises
- salade verte
- raisins noirs (ou olives)
- ...

Étape 1

- Dans un saladier, mélange la farine, la levure et le sucre.
- Ajoute le sel, l'eau tiède, le lait. Malaxe jusqu'à obtenir une boule.

Étape 2

- Ajoute le beurre, pétris 10 mn. La pâte colle au début, puis se détache de plus en plus.
- Couvre avec un torchon, laisse reposer 2 h dans un endroit tiède (près d'un radiateur). Elle doit doubler de volume.

Étape 3

- Façonne 6 boules avec la pâte, couvre-les et laisse gonfler 10 mn.
- Préchauffe le four à 190°C.
- Badigeonne les boules avec du lait.
- Fais cuire pendant 20 mn.

IL EST PÂTEUX, TON CHANDWICH !!!

ÉVIDEMMENT, BANANE ! C'EST LA PÂTE CRUE QUE TU MANGES !!!

MUNCH MUNCH

Étape 4

- Coupe les pains en 2.
- Prépare les différents ingrédients pour garnir et décorer les sandwichs.

Étape 5

- Garnis les sandwichs selon tes goûts.
- Décore avec des morceaux de saucisse, fromage, raisin (le cochon), jambon, raisin, fromage (le chat), tomates cerises, fromage, raisin (l'ours).
- Fixe les décors en appuyant ou en piquant des morceaux de bretzel.

WENDY... J'PEUX PAS JOUER À LA FERME... IL ME MANQUE UN SANDWICH POULE.

VOILÀ VOILÀ ÇA VIENT ...

Le final

Les petites infos en +

➡ **Tu peux aussi utiliser des piques à cocktail pour fixer les décors** (à la place des bretzels), mais c'est un peu dangereux... si on oublie de les enlever avant de croquer...

➡ Pour faire les trous du groin du cochon, **utilise une paille.**

HÉ! TU DEVAIS PAS FAIRE QUE DES FORMES D'ANIMAUX ?!

OUI, ET ALORS ???

Une autre idée : Les poissons

Avec la même recette, tu peux faire de gros et de petits poissons. Les petits sont simplement faits avec des pains coupés en 2. Le plus long : couper les tranches de fromage en forme de cœur... Avec un emporte-pièce, c'est plus facile.

Les barres au chocolat

Les barres au chocolat

Temps de préparation : **20 mn**
Temps de repos : **55 mn**
Difficulté : **Facile**

Ingrédients
pour environ 9 barres

- 75 g de farine
- 85 g de beurre
- 25 g de sucre
- 1 cuil. à café de levure
- 10 cl de lait concentré sucré (130 g)
- 60 g de chocolat au lait pour dessert

Pour en avoir 2 fois plus

150 g de farine

170 g de beurre

50 g de sucre

2 cuil. à café de levure

20 cl de lait concentré sucré (260 g)

120 g de chocolat au lait pour dessert

C'EST VRAIMENT KRO BON !

Étape 1

- Préchauffe le four à 170°C.
- Dans un saladier, mélange avec les doigts la farine, le sucre, la levure et 50 g de beurre.
- Laisse reposer la pâte 10 mn.

DIS, POURQUOI TU PRENDS PAS TES MAINS À TOI POUR MÉLANGER ???

Étape 2

- Étale à la main dans des petits moules à financier (ou tout autres petits moules longs).
- Fais cuire pendant 25 mn, les sablés doivent être dorés.

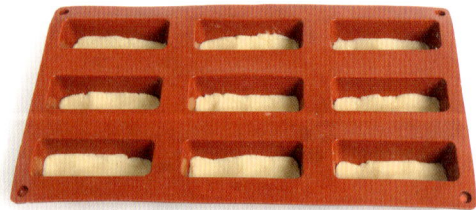

Étape 3

- Dans une casserole, fais cuire à feu doux le lait concentré avec les 35 g de beurre restant.
- Remue régulièrement pendant la cuisson, jusqu'à ce que la préparation devienne couleur caramel clair (environ 15 mn).

Étape 4

• Verse le caramel au lait sur les sablés cuits, laisse refroidir.

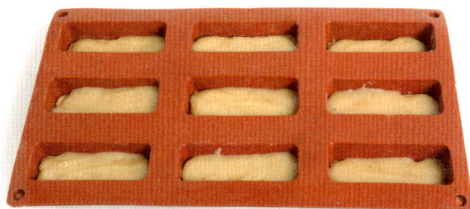

Étape 5

• Fais fondre le chocolat au bain-marie (une casserole posée dans une autre à moitié remplie d'eau).
• Verse le chocolat fondu sur le caramel. Mets au frais pendant au moins 45 mn avant de démouler.

JE VAIS VOIR SI MARIE EST TOUJOURS DANS SON BAIN.

Le final

Les petites infos en +

➡ Tu peux aussi faire **un seul grand gâteau** et le couper ensuite en barres.

➡ C'est un biscuit d'origine écossaise. Là-bas, on l'appelle **« Shortbread Millionnaire »**, certainement parce qu'il est très riche... en calories ! D'ailleurs, il faut le déguster en petite quantité.

HI HI ! MES BÂTONS AU CHOCOLAT À MOI, Y A PAS BESOIN DE LES CUIRE.

Encore plus craquant : La barre croustichoco

Pour confectionner 6 barres - Fais fondre puis mélange 75 g de chocolat noir, 4 marshmallows et 25 g de beurre. Hors du feu, ajoute 6 cuil. à soupe de riz soufflé (type Rice Krispies) et 4 cuil. à soupe de fruits secs (amandes concassées, pistaches...), mélange, laisse tiédir. Verse dans des moules à financier, tasse avec les doigts. Mets au frais puis démoule.

CAZENOVE et WILLIAM

Les petits farcis faciles

Les petits farcis faciles

Recette de Wendy

Temps de préparation : **20mn**
Cuisson : **45mn**
Difficulté : **Très facile**

Ingrédients
pour 3 à 6 personnes (selon l'appétit)

- 6 tomates
- 130 g de steak haché
- 120 g de fromage ail et fines herbes (type Tartare, Boursin...)
- 6 pincées de sel
- 6 feuilles de persil
- 1 cuil. à café d'huile

Étape 1

- Préchauffe le four à 210°C.
- Fais cuire la viande hachée dans une petite poêle huilée.

Étape 2

- Rince les tomates, coupe-leur un chapeau.
- Retire un peu de chair en creusant avec une cuillère.

BEN... OÙ ILS SONT MES CHAPEAUX DE TOMATES ???

LE TOP DU TOP ...

UNE TOMATE FARCIE À LA TOMATE, ARROSÉE DE JUS DE TOMATE, ACCOMPAGNÉE DE TOMATES CERISES... MIAM !!!

Étape 3

- Saupoudre une pincée de sel à l'intérieur de chaque tomate, retourne-les sur du papier absorbant.
- Laisse-les s'égoutter pendant 5 mn.

24

Étape 4

- Mélange à la fourchette la viande cuite et le fromage.

Étape 5

- Range les tomates dans un petit plat.
- Remplis-les avec la farce.
- Fais cuire pendant 45 mn.
- Décore-les avec des feuilles de persil.

ON N'A PAS DE PLAT JAUNE COMME SUR LA RECETTE...

TU CROIS QUE NOS FARCIS SERONT RÉUSSIS QUAND MÊME ???

Le final

CAZENOVE ET WILLIAM

Les samossas choco-roquefort

Les samossas choco-roquefort

Recette de Marine

Temps de préparation : **30mn**
Cuisson : **15mn**
Difficulté : **Facile**

Ingrédients
pour 20 samossas

- 10 feuilles de brick
- 100g de roquefort
- 50g de beurre
- 5 carrés de chocolat noir

ET HOP! LE SAMOSSAS FAÇON COCOTTE.

Étape 1

- Préchauffe le four à 200°C.
- Découpe les feuilles de brick en deux.

J'AI TROUVÉ LA BRIQUE, MAIS COMMENT ON FAIT POUR LA COUPER EN FEUILLES ???

MUHAHA HA AH AH AH...

Étape 2

- Fais fondre le beurre et badigeonnes-en sur une face des demi-feuilles.
- Plie-les en deux dans la longueur pour obtenir une bande.

Étape 3

- Dépose une cuillère de fromage et ¼ de carré de chocolat sur une extrémité de la bande.
- Recouvre en pliant en triangle.

Étape 4

- Replie le triangle en le rabattant sur la bande, continue ainsi jusqu'au bout.

T'ES SÛRE QUE C'EST UN VRAI TRIANGLE ???

DANS LA RECETTE, Y A MARQUÉ PLIER EN TRIANGLE.

ATTENDS, JE VÉRIFIE ENCORE UNE DERNIÈRE FOIS.

Étape 5

- Pose les triangles sur du papier cuisson posé sur une plaque de four, la dernière partie repliée doit être contre le papier.
- Fais cuire pendant 15 mn.

Le final

Les petites infos en +

➡ Les feuilles de bricks se trouvent au rayon frais des supermarchés, avec les pâtes toutes prêtes. **Utilise toutes les feuilles du paquet, et rapidement, car elles sèchent très vite.**

➡ Personne ne devinera ce que tu as mis dans tes samossas…

➡ **Les vrais samossas sont farcis avec de la viande ou des légumes, le tout bien épicé.** Ils viennent tout droit d'Inde.

Coussinets croustillants chèvre-poire

Pour 1 coussinet - Préchauffe le four à 200°C. Badigeonne une face de 2 feuilles de brick avec du beurre fondu. Pose au centre d'une des feuilles une grosse cuillère à soupe de fromage frais de chèvre, une tranche de poire coupée en petits dés, un brin de ciboulette coupé en morceaux, une pincée de sel. Replie pour former un coussin. Pose ce carré au milieu de l'autre feuille, replie encore en coussin en inversant le sens pour renforcer la préparation. Fais cuire pendant 20 mn sur du papier cuisson.

CAZENOVE ET WILLIAM

La crème au caramel

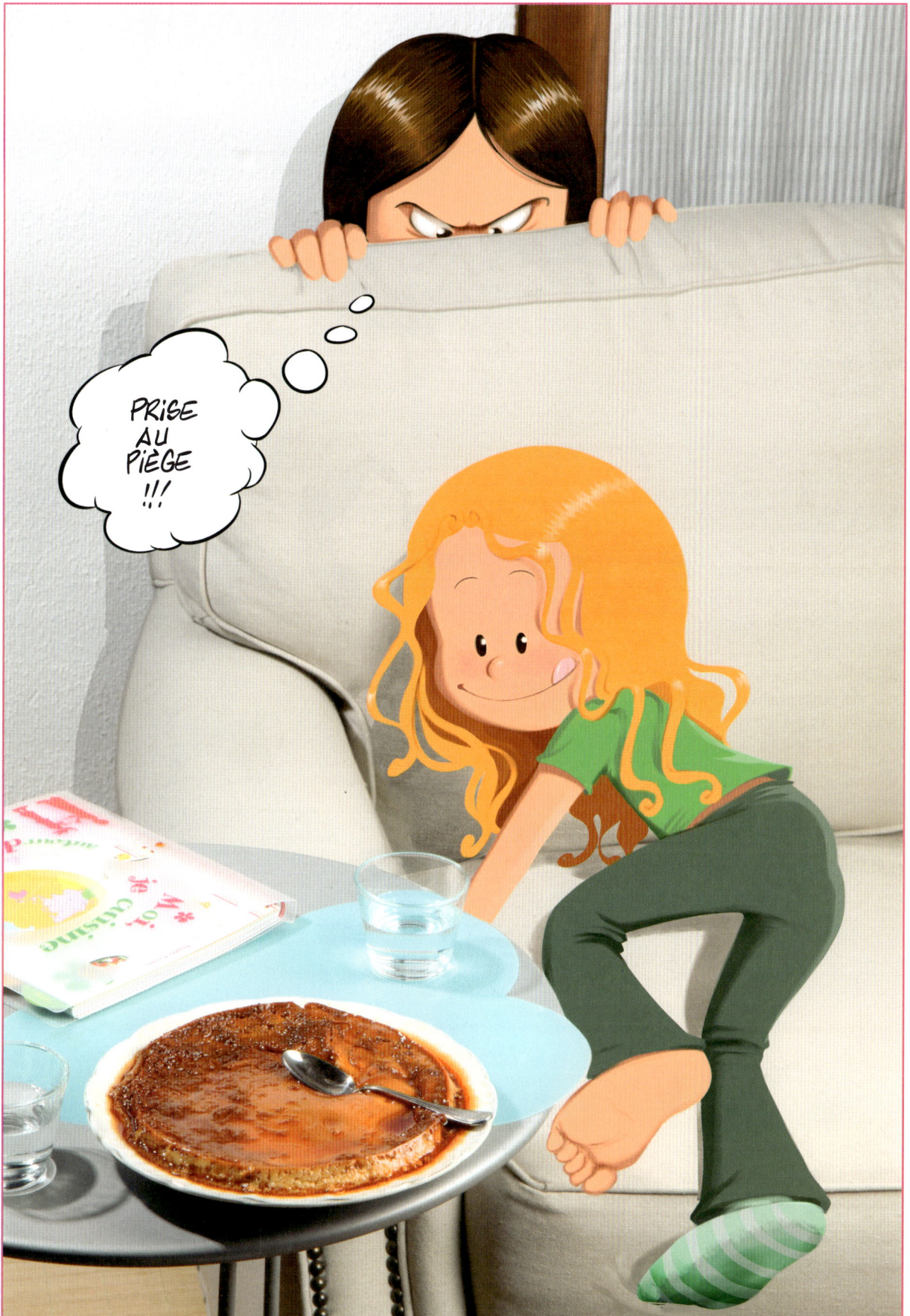

La crème au caramel

Recette de Marine

Temps de préparation : **15 mn**

Cuisson : **55 mn**

Difficulté : **Moyennement facile (le caramel...)**

Ingrédients
pour 4 à 6 personnes

- 50 cl de lait entier
- 100 g de sucre en carrés (20)
- 3 sachets de sucre vanillé
- 60 g de sucre en poudre
- 3 œufs

TOUJOURS PENSER À DIRE QUE CELLE QUI PRÉPARE LE CARAMEL...

...A DROIT À UNE PART EN PLUS !!!

Étape 1

À réaliser avec un adulte !

- Préchauffe le four à 140°C.
- Fais cuire pendant 3 à 4 mn, à feu moyen/doux, les carrés de sucre et 2 cuil. à soupe d'eau.
- Attends la fin de la cuisson, lorsque le sucre a pris une couleur dorée, pour remuer.

BEN, J'AI COMMENCÉ À REMUER LE CARAMEL...

PUIS Y A MON DESSIN ANIMÉ PRÉFÉRÉ QUI COMMENÇAIT ALORS...

ET PUIS VOILÀ.

Étape 2

- Répartis immédiatement le caramel au fond d'un moule.

Étape 3

- Verse le lait, le sucre vanillé, le sucre en poudre dans une casserole.
- Fais bouillir en remuant une ou deux fois pendant la cuisson.

ET C'EST AVEC TA LAMPE QUE TU VAS FAIRE BOUILLIR DU LAIT ?!

BIEN OBLIGÉE, J'AI PAS LE DROIT DE TOUCHER À LA GAZINIÈRE QUAND JE SUIS TOUTE SEULE.

Les petites infos en +

➡ **Impératif :** choisis un plat bien large et creux pour présenter la crème, sinon le caramel déborde.

➡ Ta crème est pleine de taches marron, de petits trous, de bosses ? Pas de soucis, c'est ainsi qu'elle doit être...

➡ Tu peux éviter la préparation du caramel en utilisant un produit acheté. Le tien serait certainement meilleur, mais ce sera plus rapide.

Étape 4

• Casse les œufs dans un saladier, bats-les avec une fourchette.
• Verse le lait chaud peu à peu sur ces œufs battus, tout en fouettant le mélange.

Un décor original : les pétales givrés

Recueille 1 poignée de pétales de rose (bien parfumés, petits ou grands, et surtout, non traités). Dépoussière-les avec un pinceau sec. Avec des ciseaux, coupe délicatement leur base blanche un peu amère. Trempe-les rapidement dans du blanc d'œuf. Pose-les sur une assiette pleine de sucre en poudre. Recouvre-les de sucre en les manipulant le moins possible. Laisse-les sécher séparément pendant au moins 1 h. Décore avec ces pétales des petites crèmes caramel (même recette que la grande, mais cuisson 35 mn).

Étape 5

• Verse le contenu du saladier dans le moule, sur le caramel.
• Fais cuire au four pendant 45 mn. Laisse refroidir avant de démouler sur un plat creux.

Le final

Le risotto

Le risotto

Recette de Wendy

Temps de préparation : **15mn**

Cuisson : **15mn**

Difficulté : **Facile**

Ingrédients
pour 2 à 3 personnes

- 225 g de riz cuit
- 1 oignon
- ½ cube pour bouillon de volaille
- 7 tomates cerises
- 75 g de lardons nature
- 4 cuil. à soupe de parmesan
- 3 cuil. à soupe de crème fraîche
- 1 cuil. à soupe d'huile d'olive
- 1 branche d'origan, de romarin et de persil

QUAND MAMAN NOUS FAIT DU RIZ, ON EN LAISSE TOUJOURS EXPRÈS...

COMME ÇA, LE LENDEMAIN ELLE NOUS FAIT SON RISOTTO.

MALIN PAS VRAI ?!

Étape 1

- Pèle l'oignon, coupe-le en lamelles.
- Fais dorer 3 mn dans une poêle huilée, en remuant de temps en temps.

C'EST MOI QUI ÉPLUCHE LES OIGNONS ET C'EST TOI QUI PLEURES...

PASSKE JE VOULAIS LES ÉPLUCHER, MOI, LES OIGNOOOOONS...

Étape 2

- Ajoute les tomates coupées en deux ainsi que les lardons.
- Fais cuire à feu moyen 3 mn de plus, toujours en remuant de temps en temps.

Étape 3

- Mets le riz cuit dans la poêle.
- Fais cuire pendant 2 mn en mélangeant régulièrement.
- Émiette par-dessus le cube de bouillon.

iL EST TELLEMENT BON, MON RiSOTTO, QUE J'Ai À PEiNE LE TEMPS DE LE PRÉPARER ...
ENCORE ! ENCORE ! ENCORE !

Étape 4

- Prépare un bol d'eau très chaude et une cuillère à soupe.
- Mets le parmesan et la crème dans des petits bols.

Étape 5

- Toutes les 2mn, verse 3 cuil. à soupe d'eau chaude dans la poêle et mélange.
- Fais-le 3 fois (6 cuil. en tout...)
- À la fin, ajoute la crème puis le parmesan.
- Mélange et laisse cuire 2mn de plus. Saupoudre les herbes coupées.

Le final

Les petites infos en +

- **Le vrai risotto se fait avec du riz cru et un peu de vin blanc**, la cuisson est évidemment bien plus longue.
- Cette recette est super rapide et bien **pratique pour utiliser des restes de riz blanc**.
- **Tu peux mettre autant de parmesan que tu veux** (enfin presque...) Plus il y en a, plus le risotto est crémeux.
- **C'est un plat d'origine italienne.** Là-bas, on le sert comme « primo piatto », c'est-à-dire une entrée...

L'antipasti* comme en Italie

Pour 3 tartines - Fais griller 3 tranches de pain. Frotte-les avec une demi-gousse d'ail. Badigeonne-les d'huile d'olive. Recouvre-les de fromage « Ricotta ». Sale un peu, garnis-les avec des bouts de tomate et de basilic.

*L'antipasti est le nom d'une entrée italienne

CAZENOVE ET WILLIAM

Le taboulé pas comme les autres

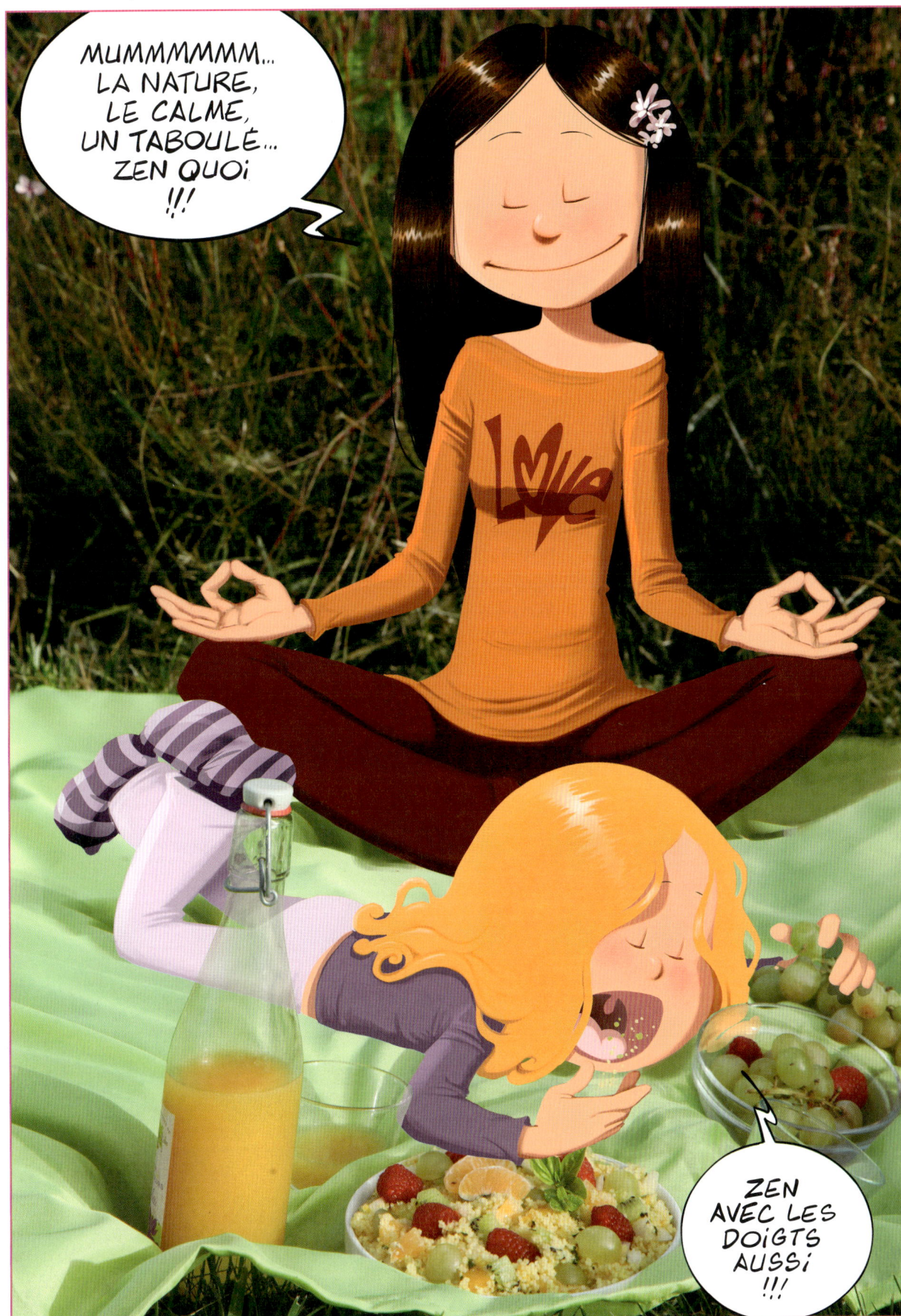

Le taboulé pas comme les autres

Recette de Marine

Temps de préparation : **20mn**
Temps de repos : **30 mn**
Difficulté : **Facile**

Ingrédients
pour 4 personnes

- 6 cuil. à café de semoule pour couscous
- 1 citron
- ½ orange
- 1 mangue
- 1 poire
- 2 clémentines
- 1 kiwi
- 1 dizaine de grains de raisin
- 1 dizaine de framboises
- 6 feuilles de menthe
- 6 feuilles de basilic
- 1 cuil. à soupe d'huile d'olive
- 2 sachets de sucre vanillé

WENDY, TU SAIS COMBIEN IL EN FAUT, DES GRAINS DE SEMOULE ???

J'EN SUIS À 32, LÀ, TU CROIS QUE ÇA SUFFIRA ?

Étape 1

- Presse le citron et la demi-orange.
- Coupe le basilic et la menthe (c'est plus facile en les mettant dans un verre et en utilisant des ciseaux).

Étape 2

- Mélange dans un saladier le couscous, le jus des agrumes et les herbes.
- Détache les grains à l'aide d'une fourchette. Laisse gonfler 30 mn.

MAIS, OÙ TU VAS AVEC LA SEMOULE ?

BEN, VAUT MIEUX LA LAISSER DEHORS AU CAS OÙ ELLE GONFLERAIT TROP.

Étape 3

- Épluche et coupe les fruits, sauf les framboises et le raisin, en très petits bouts.

Étape 4

- Mélange les fruits au couscous gonflé.
- Ajoute l'huile et le sucre vanillé.

HEU...
TU SAIS,
CE SONT LES
GRAINS DE RAISINS
QUE TU DOIS
COUPER
EN DEUX.

?!

TAC!

Étape 5

- Mets le taboulé dans un joli plat.
- Ajoute les framboises et les grains de raisin coupés en deux.

Le final

Les petites infos en +

➡ **Utilise de la semoule pour couscous**, grains moyens de préférence.

➡ En été, remplace la mangue par de la pêche, les framboises par des fraises...

➡ Sympa pour un pique-nique dans le jardin...

➡ **Le vrai taboulé est un plat libanais** et il contient surtout du persil, du boulgour (blé concassé) et de la tomate.

Un taboulé qui change aussi Le taboulé de la mer

Pour 4 parts - Mélange 6 cuil. à soupe de semoule pour couscous et 8 tomates cerises coupées en 8 au jus de 2 citrons verts. Laisse gonfler 30 mn. Ajoute une vingtaine de feuilles de persil coupées, 3 tranches de mangue en petits morceaux, 4 pincées de sel, 3 cuil. à soupe de petites crevettes décortiquées, 1 cuil. à soupe d'huile d'olive. Sers très frais.

CAZENOVE ET WILLIAM

Le gâteau tendre à l'orange

Temps de préparation : **25 mn**
Cuisson : **45 mn**
Difficulté : **Très facile**

Ingrédients
pour 6 à 8 parts

- 3 œufs
- 150 g de beurre + un peu pour le moule
- 160 g de sucre
- 180 g de farine fluide
- ½ sachet de levure chimique
- 60 g de zestes d'orange confits
- 3 oranges non traitées
- 60 g de sucre glace

ET MAINTENANT, JE VAIS FAIRE UN GÂTEAU, MOITIÉ ORANGE, MOITIÉ CITRON, MOITIÉ CHOCOLAT.

Le gâteau tendre à l'orange

Étape 1

- Préchauffe le four à 180°C.
- Fais fondre le beurre dans une casserole à feu doux.
- Dans un saladier, mélange au fouet le beurre fondu et le sucre.
- Ajoute ensuite les œufs.

PLUS UN ZESTE !!!

HIN HIN

JE SENS QUE LA JOURNÉE VA ÊTRE LONGUE ...

TRÈS LONGUE.

Étape 2

- Coupe les zestes confits en petits dés (gardes-en un peu pour décorer le gâteau).
- Râpe le zeste de 2 oranges.
- Presse le jus d'une des oranges.

Étape 3

- Dans le saladier, ajoute et mélange, dans l'ordre, le zeste râpé, le jus d'orange, la farine, la levure et enfin les dés de zestes confits.
- Verse la pâte dans un moule beurré. Fais cuire 40 mn.

Étape 4

- Presse le jus des 2 autres oranges.
- Verse-le dans une casserole, ajoute le sucre glace, chauffe à feu doux en remuant pour faire fondre le sucre.

Étape 5

- Arrose le gâteau encore chaud avec le jus sucré. Décore avec des morceaux de zestes confits.

Le final

Et pour accompagner : un chocolat chaud maison

Pour 6 à 8 tasses (ou 4 bols) - Fais chauffer 1 litre de lait dans une casserole. Lorsqu'il bout, arrête la cuisson et ajoute 200 g de carrés de chocolat riche en cacao. Couvre et laisse fondre. Après 3 mn, mélange la préparation. Fais chauffer à feu doux, en remuant sans arrêt, pendant encore 3 mn. Verse dans les tasses. La même recette te permet aussi de faire un très très bon chocolat froid.

CAZENOVE ET WILLIAM

Ustensiles

Rouleau à pâtisserie
pour étaler les pâtes

Emporte-pièces
pour découper
différentes formes

Râpe à agrume
pour râper le zeste
d'un citron, d'une orange...

Pinceau
pour badigeonner
les plats, les gâteaux...

Fouet
pour mélanger les pâtes,
les sauces, les crèmes...

Moule à muffin
existe aussi en version
9 ou 12 muffins

Caissettes à cupcakes
en papier spécial « cuisson »

Ciseaux
pour couper les herbes,
les pâtes, le jambon...

Cuillère en bois
pour mélanger sans rayer
les plats ou les casseroles

Planche à découper
pour couper sans abîmer
la table

Saladier
de toutes les tailles

Balance
pour peser les ingrédients

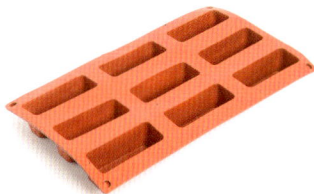

Moule à financier
en plus des biscuits « financiers », on peut
y faire des barres en chocolat par exemple

Poêle
pour griller, dorer...

Moule
un rond pour les gâteaux classiques,
mais il existe d'autres formes

Plat à gratin
pour cuire au four

Casserole
pour mijoter, bouillir...

Papier cuisson
pour que les préparations
se décollent facilement

47

Retrouvez Wendy et Marine sur la page officielle :
www.facebook.com/bdlessisters
ou sur www.facebook.com/BDfille

© 2014 BAMBOO ÉDITION
290 route des Allogneraies, 71850 CHARNAY-LÈS-MÂCON - www.bamboo.fr
Tous droits de traduction, d'adaptation et de reproduction strictement réservés pour tous pays.
DIXIÈME ÉDITION - Dépôt légal : juin 2014 - ISBN : 978-2-8189-3105-9

PEFC
10-31-1800

Imprimé et relié en France par PPO Graphic, 91120 Palaiseau

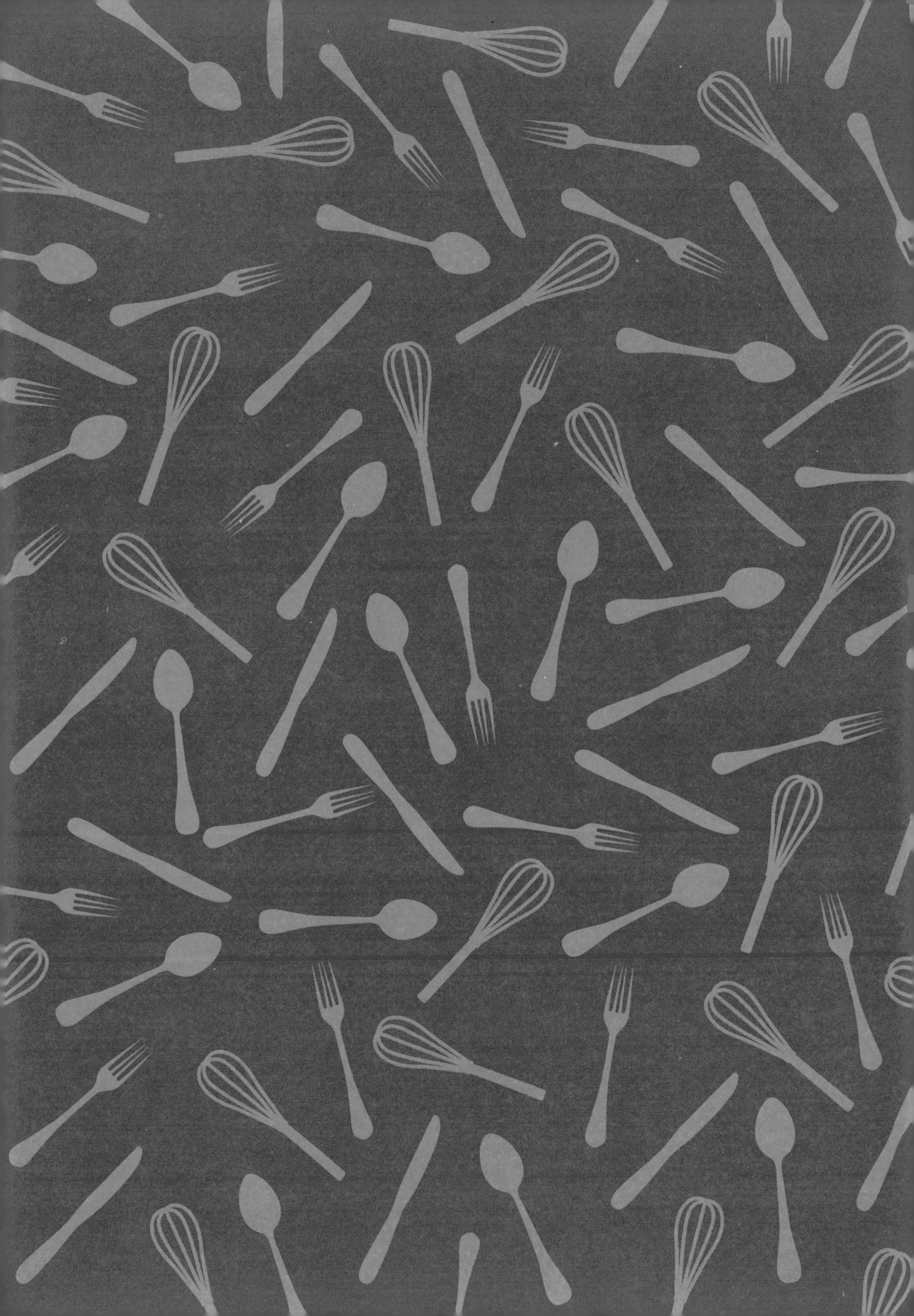